Meerschweinchen

Verhalten · Ernährung · Pflege

Von Dietrich Altmann
mit 36 Farbfotos von Regina Kuhn
und Dietrich Altmann
und 23 Zeichnungen von Siegfried Lokau

3. Auflage

Heimtiere halten

Ulmer

Inhalt

Lieber Tierfreund

Warum gerade ein Meerschweinchen? Hunde müssen regelmäßig spazieren geführt werden, Katzen benötigen zwar keinen Auslauf, können aber ihre Krallen auch an Polstermöbeln schärfen, Wellensittiche und Kanarienvögel lassen sich kaum streicheln und sind erst recht keine Kuscheltiere. Gleiches gilt für Schildkröten und natürlich ebenso für Fische. Gold- und Zwerghamster sind dämmerungs- bzw. nachtaktiv und schon deshalb für Kinder weniger geeignet. Dazu können sie, besonders wenn man sie einmal etwas unsanft anfaßt, energisch zubeißen. Und schließlich erreichen sie meist nur ein Alter von zwei, allenfalls drei Jahren.

Für ein Meerschweinchen als Hausgenosse spricht, daß es problemlos allein in der Wohnung gelassen werden kann und auch einmal einen Tag mit entsprechend vorbereitetem Futter ganz ohne Betreuung auskommt, dazu noch tagaktiv ist und sich außerdem streicheln und liebhaben läßt.

Besonders für Kinder etwa ab fünf Jahren ist das Meerschweinchen das ideale Heimtier. Und auch für Erwachsene, die noch nie ein Tier gehalten haben, ist es aus mancherlei Gründen ebenfalls als erstes Haustier sehr zu empfehlen. Wer einmal Meerschweinchen näher kennengelernt hat, wird diese liebenswerten Hausgenossen nie wieder missen wollen. Das gilt ebenso auch für alte, einsame oder vielleicht schon etwas kränkliche Menschen, nicht zuletzt, wenn sie in einer Umgebung leben, wo die Haltung von Hunden oder Katzen doch auf Schwierigkeiten stoßen könnte.

Meerschweinchen erreichen ein Lebensalter von etwa fünf bis acht und teilweise mehr Jahren, wenn sie richtig und zuverlässig gehalten werden. Außerdem ist ihnen gegenüber anderen Tierarten und somit auch gegenüber dem Menschen eine Hemmung zu Beißen eigen. Sie beißen und kratzen beispielsweise weitaus seltener als Kaninchen.

Was zunächst zu bedenken ist

Foto gegenüber: Höchst aufmerksam und neugierig schaut dieses weiße Meerschweinchen aus seinem Korb heraus.

Wie für alle Tiere gilt, daß man mit dem Erwerb und der anschließenden Haltung eines Meerschweinchens, das heißt eines Lebewesens, Verantwortung übernimmt, für es täglich sorgen, es regelmäßig füttern, tränken, sauber machen muß. Besonders ein einzeln gehaltenes Tier benötigt auch ausreichend Kontakt.

Erwirbt man ein junges Meerschweinchen, so wird man es über einen Zeitraum von fünf bis acht Jahren, vielleicht auch zehn oder mehr Jahren – das ist die Lebenserwartung dieser Tiere – ständig zu betreuen haben. Dabei macht es den Meerschweinchen in der Regel aber nichts aus, wenn man sie im Urlaub oder aus anderen Anlässen zu Bekannten, in ein Tierheim oder eine Zoologische Fachhandlung in Pflege gibt.

Zweckmäßige Käfige für Meerschweinchen gibt es im Zoogeschäft preiswert und in großer Auswahl.

Wir richten den Käfig ein

Ein oder auch mehrere Meerschweinchen benötigen einen Käfig, der am besten aus einer Plastikwanne mit einem leicht abnehmbaren Gitteraufsatz besteht und eine Grundfläche von etwa 80 × 60 cm hat. Der Käfig muß 35 bis 50 cm hoch sein und auf jeden Fall den Tieren die Möglichkeit geben, sich aufzurichten. Er sollte hell, vor allem aber nicht im Durchzug stehen.

Über Auslauf in der Wohnung und bei geeigneter Witterung vielleicht auch im Garten freut sich das Meerschweinchen, er ist jedoch nicht zwingend für die Haltung.

Meerschweinchen sind Pflanzenfresser und mit Heu, Gemüse, Obst, Grünfutter, Hafer und dem im Handel angebotenen Fertigfutter durchaus zufrieden.

Heu und Stroh, nicht nur als Futter, sondern auch als weiche Einstreu, sind genau sowie die Säge- oder Hobelspäne, die auf dem Käfigboden eine saugfähige Unterlage bilden, im Zoofachhandel oder auch in Supermärkten erhältlich.

Ein möglichst aus glasiertem Ton bestehender Futternapf, eine Futterraufe, eine Trinkflasche und eventuell ein Schlupfkästchen komplettieren die Einrichtung.

Es ist soweit: Wir kaufen ein Meerschweinchen.

Ein Einzeltier oder ein Pärchen?

Wenn man nur ein Meerschweinchen halten will und es auch dabei bleiben soll, spielt das Geschlecht im Prinzip keine Rolle. Ist an zwei oder mehrere Meerschweinchen gedacht, dann zeigt die Erfahrung, daß sich weibliche Meerschweinchen immer gut miteinander vertragen. Das gilt auch, wenn man später weitere Weibchen hinzusetzt.

Foto gegenüber: Die glänzenden, ein wenig feuchten Augen, die ein gesundes Tier auszeichnen.

Anders ist das bei Männchen. Männliche Meerschweinchen, auch wenn sie keinerlei Sicht- und/oder Geruchskontakt zu weiblichen Artgenossen haben, führen oft, wenn sie erwachsen werden, untereinander erbitterte Kämpfe, die teilweise zu ernsten Verletzungen führen können.

Wer sich für ein Pärchen entscheidet, sollte bedenken, daß sich Meerschweinchen fast sprichwörtlich vermehren, so daß man sehr bald einen ganzen Schwarm davon hat. Dabei sind über den Zoofachhandel in der Regel nur junge Tiere absetzbar. Und oft ist es so, daß der Zoofachhandel gerade dann kein Interesse an Jungtieren hat, wenn man sie abgeben will oder muß.

Meerschweinchen können im allgemeinen fünf bis acht Jahre alt werden, selten einmal zehn Jahre oder älter.

Kauft man Meerschweinchen im Zoofachhandel, dann sollte man sich in der Regel für Jungtiere entscheiden. Sie gewöhnen sich oft schneller an den Menschen, und es läßt sich zuverlässiger abschätzen, wie alt diese Tiere sind.

Natürlich können selbst ausgewachsene Meerschweinchen noch völlig zahm werden, wenn das unter Umständen auch etwas längere Zeit in Anspruch nimmt. Andererseits tut man aus der Sicht des Tierschutzes etwas Gutes, wenn man sich dazu entschließt, ein bereits ausgewachsenes Meerschweinchen aus dem Tierheim zu übernehmen. Über ihr Alter läßt sich aber in der Regel bei ausgewachsenen Meerschweinchen kaum etwas sagen.

Die richtige Auswahl

Das Meerschweinchen, das man erwerben möchte, sollte man in Ruhe eine Zeit lang beobachten, ohne sich vom Verkäufer dabei beeinflussen zu lassen. Läuft es intensiv in seinem Behältnis herum, beziehungsweise sitzt es normal und nicht irgendwie zusammengeduckt oder gar mit gekrümmtem, also bogenförmig aufgewölbtem Rücken, dann ist das schon ein gutes Zeichen dafür, daß das Tier auch gesund ist.

Hier einige wichtige und grundsätzliche Gesichtspunkte, die bei der Auswahl und beim Kauf zu beachten sind.

Man schaue, ob sich in dem Käfig nur wohlgeformte, bei Meerschweinchen ziemlich längliche »Böhnchen« oder, wie die Österreicher sagen, »Bemmerln« befinden oder sonst ein Hinweis auf Durchfall besteht. Auch wenn das in die Auswahl genommene Tier keine Verklebungen bzw. Verschmutzungen um die Aftergegend herum zeigt, sollte man bei Verdacht auf Durchfall vom Kauf absehen bzw. den Kauf zumindest um einige Tage verschieben.

Ist das Haarkleid struppig und glanzlos oder man entdeckt unter dem vielleicht noch gesund erscheinenden Haarkleid Schuppen oder Stellen mit Schorf, so sollte vom Kauf ebenso abgesehen werden, wie wenn Körperstellen mit Haarausfall vorhanden sind. Mehr oder weniger kreisrunde Stellen ohne Haare weisen auf einen Pilz-

befall hin. Die Region hinter den Ohren sowie die Unterseiten der Vorder- und Hinterfüße sind beim Meerschweinchen genau wie die kleine Fläche direkt hinter den Ohren grundsätzlich unbehaart.

Kleine, bei gutem Sehvermögen auch ohne Lupe sichtbare, sich bewegende Lebewesen sind meist Haarlinge, ihre weißlich gelben Eier kleben sie an die einzelnen Haare ihres Wirtes. Die Haarlinge sind zwar in geringer Zahl ungefährlich, trotzdem wird man vom Kauf eines befallenen Tieres absehen.

Ein schlechter Ernährungszustand ist in jedem Fall bedenklich und steht teilweise im Zusammenhang mit Erkrankungen.

Unbedingt wird man darauf bestehen, das Meerschweinchen anfassen zu dürfen. Daß es dabei ziemlich scheu sein kann, sollte nicht stören, da die Tiere beim Händler oder Züchter meist nicht individuell betreut werden. Nur mit der Hand läßt sich feststellen, in welchem Ernährungszustand sich das Tier befindet. Ist es sehr mager, das heißt man kann die einzelnen Wirbel und Rippen fühlen, dann sollte man vom Kauf absehen.

Auch für den Fachmann ist es oft schwer zu unterscheiden, ob es sich nur um einen schlechten Ernährungszustand in Ermangelung von ausreichend gutem Futter handelt oder ob möglicherweise eine schwere, beispielsweise durch Infektionen ausgelöste Erkrankung vorliegt.

Ein zu fettes Meerschweinchen, wie es jedoch in der Regel bei Jungtieren, auch halbwüchsigen bis jungerwachsenen Tieren kaum vorkommt, sollte man ebenfalls nicht erwerben. Hier ist später mit Herz- und Leberschäden zu rechnen.

Ist das Meerschweinchen gesund?

Ein gesundes Meerschweinchen hat glänzende, ein wenig feuchte Augen. Eingefallene, trockene Augen weisen genauso auf ernste Gesundheitsschäden hin wie tränende Augen, in deren Folge es oft zu Augenausfluß kommt.

Natürlich darf ein gesundes Meerschweinchen erst recht keine verklebten Augen und auch keine verklebten Nasenlöcher haben. Man achte auch besonders darauf, daß die Augenumgebung keinen Grind oder Schorf aufweist.

Schließlich öffnet man vorsichtig mit Daumen und Zeigefinger das Mäulchen. Als Rechtshänder verwendet man dazu die rechte Hand, stützt gleichzeitig den Nacken des aufgerichteten Tieres von hinten, so daß man mit Daumen und Zeigefinger das Mäulchen öffnen kann. Mit der linken Hand stützt man außerdem die Becken- und Oberschenkelregion des Meerschweinchens ab.

Berühren sich die beiden Schneide- oder Nagezähne des Oberkiefers mit denen des Unterkiefers, dann stehen diese Zähne ordnungsgemäß und sind in entsprechender Abnutzung begriffen. Das

Genaues und regelmäßiges Beobachten ist die beste Voraussetzung für ein gesundes Meerschweinchen.

ist sehr wichtig. Nicht richtig abgenutzte Schneidezähne sind zu lang und erschweren dem Tier die Nahrungsaufnahme. Das gilt besonders dann, wenn die Schneidezähne des Ober- und Unterkiefers sich nicht berühren und aneinander vorbei wachsen.

Das kann sogar dazu führen, daß das betreffende Tier nicht mehr ausreichend Nahrung aufnimmt und dadurch stark abmagert. Meerschweinchen, deren Zähne nicht korrekt ausgebildet sind, sollte man nicht erwerben. In der Regel kommt es sonst immer wieder zu Zahnkorrekturen durch den Tierarzt.

Schließlich sollte man auch einen Blick auf die nackten Unterseiten der Vorder- und Hinterfüßchen werfen. Wenn sich dort Entzündungen, Schorf oder Geschwüre zeigen, so heilen sie meist sehr schlecht. Gewöhnlich kommen sie aber nur, genauso wie stark verlängerte, manchmal in unterschiedlichste Richtungen wachsende Krallen, bei älteren Tieren vor.

Wurden alle diese Gesichtspunkte vor dem Kauf berücksichtigt, dann kann man davon ausgehen, ein wirklich gesundes Meerschweinchen erworben zu haben.

Wer diese gesundheitlichen Merkmale weiter bei der Haltung zu Hause beachtet, kann eventuelle Erkrankungen in der Regel bereits im Frühstadium erkennen. Dann ist auch meist noch Hilfe und Behandlung durch einen Tierarzt möglich.

Foto gegenüber: Mit einem kleinen Leckerbissen wird die erste Scheu rasch überwunden.

Die Zeit der Eingewöhnung

Ist man mit dem neuen vierbeinigen Gefährten oder Familienmitglied auf dem kürzesten Weg gut zu Hause angekommen, darf es gleich in den vorbereiteten Käfig und bleibt zunächst für einige Zeit sich selbst überlassen. Alle Neuankömmlinge werden sich wahrscheinlich erst einmal in eine Ecke verkriechen und unter Heu oder Stroh verstecken. Das ist in der neuen, ungewohnten Umgebung ganz verständlich. Später, wenn sich dann das Meerschweinchen wirklich völlig unbeobachtet fühlt, wird es sein neues Zuhause zu erkunden beginnen. Auch dann sollte man, selbst wenn es schwer fällt, noch nicht versuchen, es wieder herauszunehmen, da es sonst gleich wieder entweichen würde. Meerschweinchen sind von Haus aus scheue Tiere, die schnell in Unruhe geraten.

Wenn sich unser Meerschweinchen im neuen Zuhause erst einmal im Käfig verkriecht und versteckt, ist das völlig normal.

Später wird sich das ändern. Das Meerschweinchen wird, wenn es die ihm vertrauten Menschen hört, sich beispielsweise an der Käfigwand aufrichten. Es wird auch lernen, alle diejenigen, die ihm im Gegensatz zu anderen regelmäßig sein Futter bringen, deutlich zu unterscheiden. Das zeigt sich daran, daß es beim Herannahen der gewohnten Betreuer zu quieken beginnt. Und dies heißt: Ich warte auf Futter!

Die meisten Meerschweinchen lieben es, wenn sie sich in ein Schlupfkästchen, wie in der Zeichnung dargestellt, zurückziehen können. Ein solches Kästchen sollte eine Grundfläche von ungefähr 15 × 25 cm und eine Höhe von ca. 15 cm haben.

Das Schlupfloch muß dabei so groß sein, daß das Meerschweinchen bequem hindurch paßt. Einen Boden braucht dieses Haus nicht, so bleibt es eher sauber. Auf dem ebenen Dach des Häuschens ruhen die Meerschweinchen besonders gerne.

Hier ein Schlupfkästchen mit einem flachen Dach, das auch als Ausguck verwendet wird.

Es ist jedoch nicht sinnvoll, gleich am Anfang ein solches Schlupfkästchen in den Käfig zu stellen. Das führt nämlich bei scheuen Tieren dazu, daß sie über längere Zeit nur dann aus ihrer Behausung herauskommen, wenn sie sich wirklich völlig ungestört und unbeobachtet fühlen.

Vor allem in der ersten Zeit sollte man es unbedingt vermeiden, das Tier durch laute Geräusche zu erschrecken. Ein ständiges leises, ruhiges Zureden, sobald man sich dem Käfig nähert, ist immer, besonders aber in der Eingewöhnungszeit, günstig. Das Meerschweinchen lernt dabei binnen weniger Wochen die Stimme seiner Betreuer von anderen Stimmen zu unterscheiden.

Foto gegenüber: Aus einem sicheren Schlupfloch läßt sich die nähere Umgebung am besten beobachten.

Käfige und Ställe für Meerschweinchen

Wie bereits erwähnt, werden Meerschweinchen heute meist in im Zoofachhandel erhältlichen Käfigen gehalten, die aus einer stabilen Kunststoffwanne und einem leicht abnehm- und öffenbaren Gitteraufsatz bestehen.

Alle zu flachen Wannen sind deshalb ungünstig, weil die Umgebung sonst leicht durch herausfallende Einstreu verschmutzt wird. Eine zu hohe Wanne hindert Meerschweinchen andererseits herauszuschauen und so ständigen Kontakt mit seiner Umwelt zu halten. Verschlossene, mit durchsichtigem Kunststoffaufsatz und oben mit einem verschiebbaren Gitterstreifen versehene Behältnisse und auch Terrarien sind zwar ebenfalls geeignet, schränken jedoch die Kontaktmöglichkeiten des Meerschweinchens mit seiner Umgebung zu sehr ein. Außerdem ist die Be- und Entlüftung dieser Behältnisse vielfach unzureichend.

Meerschweinchen kann man natürlich auch in einer oben offenen oder mit einem Gitterdeckel versehenen Holzkiste halten. Wichtig zu wissen: Meerschweinchen können keinesfalls Höhen von ca. 50 cm überspringen!

Die Meerschweinchenwohnung muß immer an einem zugluftfreien Platz mit natürlichem Tageslicht aufgestellt werden.

Ein ausreichend geräumiger Käfig für zwei oder drei Meerschweinchen, der von oben zu öffnen ist. Er besitzt eine Grundfläche von wenigstens 80 × 60 cm und ist 35 bis 50 cm hoch.

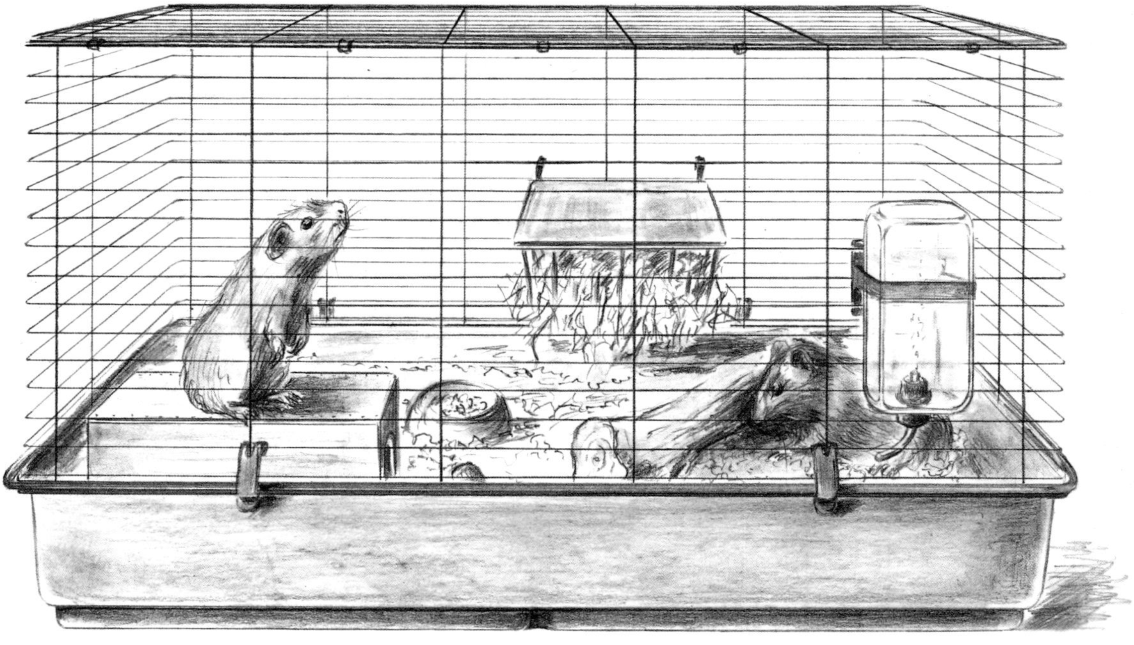

Vorsicht: Meerschweinchen verstekken sich in der Wohnung, wenn man sie frei laufen läßt!

Meerschweinchen freuen sich, wenn sie in der Wohnung herumlaufen können. Allerdings am besten nur unter Aufsicht, da Teppiche, Möbel und vor allem elektrische Leitungen angenagt werden können. Im Gegensatz zu Kaninchen werden Meerschweinchen kaum stubenrein, sie setzen Kot und Harn an keiner bestimmten Stelle ab. Sie kommen auch nicht auf Zuruf unter Möbeln oder sonstigen Schlupfwinkeln hervor.

Als Käfigeinstreu verwendet man Säge- oder Hobelspäne. Trokkener Torfmull ist schon wegen der durch Staubbildung möglichen Erkrankungen der Atemwege ungeeignet. Feuchter Torfmull ist erst recht schädlich, da Meerschweinchen keine Feuchtigkeit vertragen. Die Einstreu ist regelmäßig, wenigstens einmal wöchentlich, zu wechseln. Man kann auch unter die Holzspäne eine Lage Zeitungspapier legen. Das erleichtert die Reinigung.

Auf die Späne kommt gutes Stroh oder Heu. Letzteres wird natürlich auch verzehrt. Eine Verschmutzung des für die Ernährung so überaus wichtigen Heus kann durch Anbringen einer Futterraufe verhindert werden. Diese Raufe sollte durch einen schrägen massiven Deckel abgeschlossen sein, denn Meerschweinchen betrachten, wie schon bei den Schlupfkästen erwähnt, ihre Umwelt gern von einem etwas erhöhten Standort aus.

Die optimale Umgebungstemperatur für Meerschweinchen liegt zwischen 18 und 22 °C bei einer relativen Luftfeuchtigkeit zwischen 40 und 70 Prozent. Dabei wird die Luft in der Nähe von Heizkörpern oft zu trocken und verursacht Erkrankungen anfangs der oberen Luftwege, später aber auch der Lunge.

Ein Außengehege im Garten mit Schutzhaus, das erhöht über dem Boden steht. Ein Belüftungsgitter am Stall sorgt für ausreichend Frischluft, wenn die Tiere nicht draußen sind.

Ein Stall im Garten

In der Regel wird man Meerschweinchen als Heim- bzw. Liebhabertiere in der Wohnung halten. Will man Meerschweinchen in größerem Umfang halten, beispielsweise um verschiedene Farb- oder Haarformen herauszuzüchten, dann ist natürlich auch eine Unter-

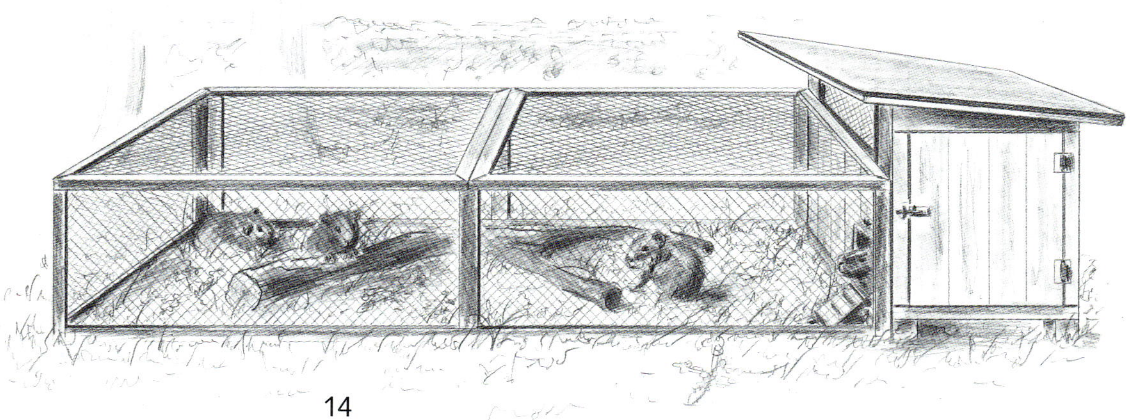

Auch wenn Meerschweinchen üblicherweise nicht klettern – neugierig sind sie dennoch!

Im Herbst oder gar im Winter darf man das Meerschweinchen aus dem beheizten Raum nicht nach draußen oder in einen unbeheizten Stall umsetzen.

bringung in Ställen wie für Kaninchen im Freien möglich. Bei ausreichend trockener, wärmender Einstreu (Stroh, Heu) und wenn man die mit einer Gittertür versehene Vorderfront zuhängt, können Meerschweinchen auch den Winter in unseren Breiten in der Regel problemlos überstehen, sofern die Temperatur nicht über sehr lange Zeit unter minus 10 °C absinkt.

Allerdings ist es notwendig, Tiere, die im Winter ohne Heizung gehalten werden sollen, bereits in der warmen Jahreszeit in diese Stallungen zu verbringen, damit sie sich an die jahreszeitlich bedingt sinkenden Temperaturen gewöhnen können.

Bei solchen Meerschweinchenställen sollte hinter dem mit Gitter bespannten Türrahmen immer ein herausnehmbares sogenanntes Stolperbrett angebracht sein, nicht nur, um ein Herausfallen von Einstreu, sondern auch der Tiere selbst zu verhindern.

Die Maschenweite des Türgitters soll ein Eindringen von Mäusen verhindern. Die gehobelten Bretter müssen mit Nut und Feder gegen Zugluft versehen sein. Eine Verkleidung mit Dachpappe, Wellblech oder ähnlichem ist erforderlich, um die Behausung vor Witterungseinflüssen zu schützen.

So könnte eine Außenstallanlage für vier Gruppen von Meerschweinchen aussehen. Die Abdeckung, die Seitenwände und die Rückwand sind außen mit Dachpappe verkleidet.

Sowohl auf dem Balkon als auch im Garten ist ein solches Häuschen auf Füße zu stellen, damit keine Bodenfeuchte eindringen kann.

An ein solches Häuschen kann man natürlich im Garten einen abgezäunten Auslauf anschließen. Praktisch ist es, diesen versetzbar zu gestalten, um einzelne Flächen auf einer Wiese portionsweise abweiden zu lassen.

Dabei ist der Auslauf unbedingt von allen Seiten, auch von oben, zu vergittern, um Katzen oder Greifvögel fernzuhalten. Das Gitter muß engmaschig sein, weil Katzen oft sehr geschickt einen ihrer Arme durch genügend weite Maschen »hindurchfädeln«, um sich ein Meerschweinchen zu krallen.

Meerschweinchen sollten grundsätzlich nur bei trockenem und warmem Wetter in ein Freigehege gelassen werden, da sie gegenüber Bodenkälte ausgesprochen empfindlich sind.

Andererseits leiden Meerschweinchen aber auch sehr schnell an Überhitzung. Die Folge kann Hitzschlag sein. Bei Haltung im Freien sollte deshalb immer ein Teil der Außenanlage beschattet werden. Nachts müssen die »Garten-Meerschweinchen« auch im Sommer ins Häuschen eingesperrt werden, denn es könnte plötzlich sehr kalt werden oder zu regnen beginnen.

Langhaarige Meerschweinchen sollte man regelmäßig mit einer Bürste vorsichtig bürsten. Sie lassen sich dies auch gern gefallen.

Die richtige Pflege, das richtige Futter

Meerschweinchen sind pflegeleicht

Meerschweinchen sind besonders pflegeleicht. Normalhaar- und Rosettenmeerschweinchen brauchen bei sauberer Haltung eigentlich überhaupt nicht gebürstet oder gekämmt zu werden. Ausnahmsweise nur mit einer weichen Bürste, und dennoch geschieht dies nicht zur Freude der Tiere. Bei langhaarigen Meerschweinchen ist vor allem in den hinteren Körperregionen regelmäßiges Kämmen erforderlich, da es dort häufig zu Verfilzungen des Haarkleides kommen kann. Auslöser sind oft Heuteilchen oder ähnliches. Sind die Haare erst einmal verfilzt, hilft nur, sie herauszuschneiden. Dabei hebt man den Filz vorsichtig von der Haut ab, um überhaupt zwischen Filz und Haut schneiden zu können.

Meerschweinchen müssen nicht gebadet werden, sie mögen es auch nicht. Kommt es einmal zu besonders starken Verschmutzungen, sollten zum Baden nur sehr milde Kindershampoos verwendet und anschließend wieder gut ausgespült werden. Danach ist nicht nur gründliches Abtrocknen bzw. Trockenfönen, sondern auch ein

Aufenthalt in entsprechend warmer Umgebung erforderlich. Meerschweinchen erkälten sich besonders leicht.

Bei älteren Meerschweinchen nutzen sich oft die Krallen nicht mehr ausreichend ab. Sie wachsen dann nicht selten unregelmäßig, bilden Krümmungen, Wellen, ja fast korkenzieherartige Windungen. Wichtig ist daher ein regelmäßiges Kürzen der Krallen. Bei wenig pigmentierten Krallen ist das verhältnismäßig einfach, da man die durchbluteten körpernahen Regionen, »das Leben«, wie oft gesagt wird, deutlich sieht. Einige Millimeter davor ist der überschüssige Krallenteil am besten mit einer normalen Nagelzange so abzuschneiden, daß das verbleibende Krallenende etwas schräg nach unten verläuft und damit das normale Profil des Krallenendes weitgehend wiederhergestellt wird. Sind die Krallen dunkel, ist das Ende des durchbluteten Bereiches nur schwer feststellbar.

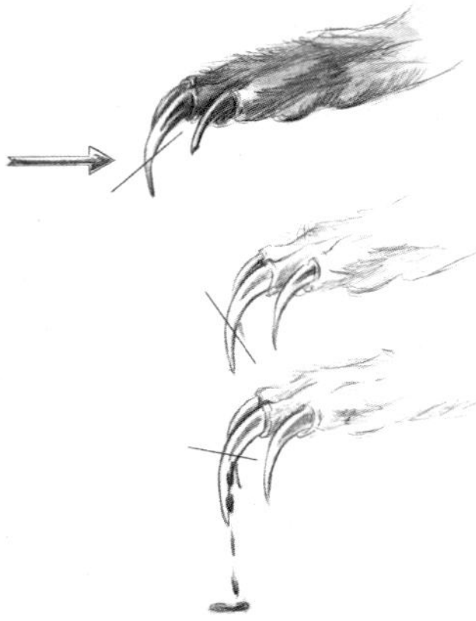

Auf die Schnittführung kommt es an! Richtig (oben): Der Schnitt muß dem Krallenprofil angeglichen werden. Falsch: Schnitt gegen das Wachstumsprofil oder zu hoch angesetzt.

Zur Sicherheit schneidet man nicht zuviel ab. Fließen einmal einige Tropfen Blut, sollte man einen kleinen Wattebausch mit einem Desinfektionsmittel tränken und auf die blutende Stelle pressen. Druck allein stillt oft schon das Blut. Solche Krallenkorrekturen kann man natürlich auch gelegentlich vom Tierarzt durchführen lassen.

Wie man das Meerschweinchen beim Krallenschneiden in die Hand nimmt.

Meerschweinchen besitzen in der Afterregion eine Perinealtasche. Darin sammelt sich, besonders bei alten männlichen Tieren, häufig Kot an. Mit leichtem Druck von außen nach innen – am besten gleichzeitig von beiden Seiten – hilft man den Meerschweinchen, diese immer wiederkehrenden Kotansammlungen in diesen Taschen loszuwerden.

Unter der Vorhaut (Präputium) auch junger Meerschweinchenmänner bleiben immer wieder feine Heuhälmchen, aber auch Haare hängen. Das hängt mit einer Art Widerhäkchen zusammen, die sich beim Meerschweinchen an beiden Seiten der Spitzenregion des Penis befinden. Solche Hälmchen bzw. Härchen können auch in den vorderen Regionen der Harnröhre sitzen. Man sollte sie in solchen Fällen vorsichtig entfernen.

Foto gegenüber: Rundum zufrieden: unser Meerschweinchen ist gesund und fühlt sich wohl.

Der Speiseplan für unser Meerschweinchen

Die Wildmeerschweinchen ernähren sich vorrangig von Gräsern und anderen sehr rohfaserreichen, verhältnismäßig nährstoffarmen Pflanzenteilen. Das ist die Ursache dafür, daß sie einen im Ver-

Foto gegenüber: Meerschweinchen ernähren sich in erster Linie von Heu und Grünfutter. Salate, Grünkohl, Karotten, aber auch Gurken und Äpfel sind begehrt.

hältnis zu ihrer Körpergröße sehr langen Darm besitzen. Wenn unsere Meerschweinchen auf die Dauer gesund bleiben und nicht zuletzt ein schönes, glänzendes Haarkleid besitzen sollen, ist daher eine rohfaserreiche Ernährung erforderlich.

Diese Nahrung wird mit Hilfe der Schneide- oder Nagezähne abgenagt bzw. abgebissen und anschließend von den Backenzähnen gründlich zerkaut und gleichzeitig eingespeichelt. Damit beginnt schon die Verdauung, denn der von den Speicheldrüsen gebildete Speichel enthält wichtige Verdauungssekrete. Diese Art der Ernährung bedingt, daß das Meerschweinchen sehr oft jeweils verhältnismäßig kleine Nahrungsmengen zu sich nimmt.

Ist nun die Nahrung zu rohfaserarm und damit oft zu weich, wird die Nahrung nicht ausreichend gekaut und damit nicht gründlich genug eingespeichelt. Schon dadurch sind entsprechende Verdauungsstörungen und Ernährungsschäden vorprogrammiert.

Eine weitere Besonderheit in der Ernährung der Meerschweinchen ist unbedingt zu beachten.

Futternapf aus Steingut mit zwei Abteilungen, deren Innenflächen abgerundet sind.

Meerschweinchen gehören wie die Halbaffen, Affen und der Mensch zu den wenigen Säugetieren, die nicht in der Lage sind, in ihrem Körper Vitamin C (Ascorbinsäure) selbst aufzuschließen. Das heißt, sie müssen ihren gesamten Bedarf an Vitamin C durch die Nahrung zu sich nehmen.

Dabei benötigt ein Meerschweinchen täglich pro Kilogramm Körpergewicht unter normalen Bedingungen 16, unter Streßbedingungen, bei erhöhter Infektionsgefahr und nicht zuletzt bei Trächtigkeit 30 mg Vitamin C.

Daher ist auf den Vitamin C-Gehalt verschiedener Futtermittel zu achten. Die Gefahr der Überdosierung besteht nicht.

Unbedingt ist immer auch ausreichend einwandfreies Heu anzubieten. Das heißt, das Heu darf keinesfalls staubig, feucht, muffig, verschimmelt oder anderweitig verdorben sein. Beachten Sie auch, daß frisch bereitetes Heu Gesundheitsschäden hervorrufen kann und wenigstens sechs Wochen nach der Ernte gut durchlüftet gelagert werden muß.

Besonders wichtig: Heu und Grünfutter

Außerdem bietet man im Sommer viel Grünfutter an, neben Gräsern verschiedener Art besonders Löwenzahn einschließlich seiner Blüten, Schafgarbe, Breit- und Spitzwegerich, Bärenklau, Vogelmiere, Luzerne, Rot- und Weißklee. Steinklee hingegen sollte am

Fotos links und rechts:Gelegentlich wird auch Kraftfutter angeboten – jedoch nur in kleinen Mengen. Viel beliebter sind dagegen Karotten, wie man sieht.

Die Mischung fürs Frühjahr: Grünfutter und Heu.

besten überhaupt nicht verfüttert werden. Natürlich darf man Grünfutter nur von hygienisch einwandfreien (Hundekot!) und schadstofffreien (Schädlingsbekämpfungsmittel, Abgase etc.) Flächen gewinnen. Regen- und taunasses Grünfutter ist dagegen problemlos. Verschmutztes Futter sollte abgewaschen werden.

Ist das Grünfutter im zeitigen Frühjahr, das gilt ganz besonders für Luzerne, Rot- und Weißklee, noch sehr jung und damit sehr eiweißreich und rohfaserarm, darf es nur in geringen Mengen verabreicht werden.

Am besten geht man dabei so vor, daß man das Grünfutter fein verteilt unter Heu mischt. Die Meerschweinchen werden dann trotzdem versuchen, nur die Grünfutterhälmchen und -blättchen herauszuzupfen und zu verzehren. Dadurch können sie aber das Grünfutter nur wesentlich langsamer aufnehmen als wenn es ihnen rein, das heißt nicht mit Heu vermischt, angeboten wird.

Steht nicht genügend Grünfutter zur Verfügung, muß man, besonders um ausreichend Vitamin C in der Nahrung zuzuführen, verschiedene Gemüse- und Obstsorten verfüttern.

Dabei sind alle Salatsorten von Kopf- über Schnittsalat bis hin zu Endivie usw. verwendbar, ebenso Chicoree, Chinakohl, Feldsalat und Petersilie. Von den Kohlarten ist der Grünkohl am besten

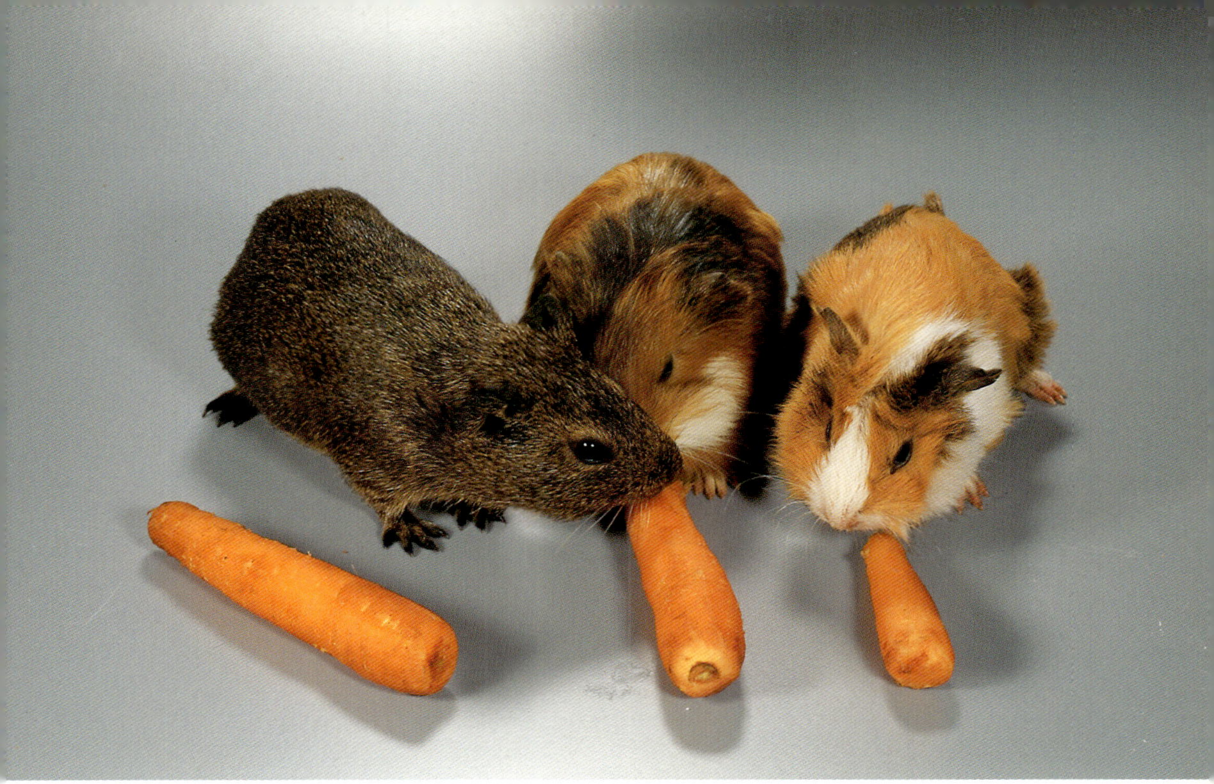

geeignet. Er bläht von allen Kohlarten am wenigsten und ist besonders Vitamin C-haltig.

Auch Brokkoli und Markstammkohl (Futterpflanze) blähen relativ wenig. Wirsing und Blumenkohl, bei letzterem die weißen Rosen genau wie die Blätter, sowie Kohlrabi einschließlich seiner Blätter können ebenfalls angeboten werden, wegen der erhöhten Blähungsgefahr aber nur in geringen Mengen. Noch mehr gilt das für Weißkohl oder Weißkraut. Und schließlich sollte Rotkohl aus diesem Grunde überhaupt nicht verfüttert werden.

Sehr wertvolle Futtermittel stellen natürlich Karotten oder Möhren dar. Sie enthalten in besonders starkem Maße Karotin, das Provitamin A. Gerade Vitamin A ist für das Wachstum, für die Haut und Schleimhäute, Augen und viele Stoffwechselvorgänge unentbehrlich.

Unentbehrlich: Vitamine, vor allem Vitamin C!

Ein hervorragend diätetisches Futtermittel ist der Apfel. Er ist vitaminreich und nicht zu zuckerhaltig. Besonders durch seinen Gehalt an Pektinen wirkt er, wie wir das besonders von geriebenem Apfel auch aus der Ernährung von Kleinkindern kennen, stuhlgangregulierend.

Das heißt, bei Durchfall wirkt er in gewissem Maße stopfend, bei Verstopfung dagegen regt er die Verdauung an.

Birnen sollten nur in geringer Menge, höchstens als Leckerbissen angeboten werden, denn die erheblichen Mengen an hochverdaulichen Zuckern, die sie enthalten, können schnell zu Gärungs- und Blähungsvorgängen führen. Grundsätzlich sollten nur reife Äpfel und Birnen verfüttert werden.

Leidenschaftlich gern verzehren Meerschweinchen Gurken und Melonen. So sind die nährstoffarmen Gurken gerade für zu wohlgenährte Meerschweinchen ein besonders geeignetes Futtermittel.

Eine Trinkflasche, die von außen am Gitter angebracht wird und leicht zu reinigen und nachzufüllen ist.

Fertigfutter und Trinkwasser

Als Kraft- oder Konzentratfutter reicht man am besten Hafer bzw. Haferflocken und die im Handel angebotenen Fertigfuttermittel. Mais bzw. Maisschrot dagegen sind viel zu nährstoffreich.

Dabei muß bedacht werden, daß an Kraftfutter pro Kilogramm Körpermasse des Meerschweinchen nur 10 bis 20 g pro Tag verabreicht werden sollen.

Bietet man seinem Meerschweinchen altbackenes Brot, besonders Weißbrot, Zwieback oder Knäckebrot an, dann ist das auch eine Form von Kraftfutter und auf die oben genannte tägliche Ration anzurechnen.

Man sollte sich von Hafer oder Fertigfuttermitteln einmal eine einzelne Portion von 10 oder 20 g abwiegen, um zu sehen, wie wenig das ist!

Fertigfutter als Alleinfutter sollten wir dem Meerschweinchen grundsätzlich nicht anbieten. Es sollten dazu ungefähr insgesamt 40 bis 70 g der verschiedenen Saftfuttermittel bei gleichzeitiger unbegrenzter beliebiger Aufnahme von Heu verabreicht werden. Nur so werden die Meerschweinchen dauerhaft gesund sein.

Trinkwasser sollte besser etwas abgestanden sein, ist jedoch jeden Tag zu erneuern.

Frisches Trinkwasser muß täglich zur freien Verfügung stehen, am besten aus Trinkflaschen, die natürlich immer regelmäßig und gründlich zu reinigen sind.

Man kann das Trinkwasser auch leicht mit Vitamin C (Ascorbinsäure) anreichern. Vitamin C-Lösungen erhält man vom Tierarzt oder in der Apotheke. Man setzt dann einer Wassermenge von 100 ml 20 bis 40 mg Ascorbinsäure zu.

Vielfalt der Farben und der Behaarung

Hausmeerschweinchen sind im Verhältnis zur ihrer wilden Stammform, einer in den Hochanden lebenden Unterart des Wildmeerschweinchens *Cavia aperea tschudii,* etwas größer, massiger, kompakter, man kann auch sagen plumper gebaut. Aber im Gegensatz zu den meisten anderen Haustieren gibt es beim Hausmeerschweinchen zumindest bislang keine Zwerge, keine besonders kurzgesichtigen Vertreter, keine mit verlängerten oder verkürzten Extremitäten usw.

Nur bei den Ohren kommen teilweise Abweichungen zur wilden Stammform, nämlich Hängeohren vor, die aber im Vergleich zu den hängeohrigen Hunde-, Ziegen- und Schweinerassen nicht besonders groß geraten sind.

Von Aguti bis Weiß.

Vielfältig ist die Farbe unserer Hausmeerschweinchen!

Da gibt es natürlich erst einmal wildfarbene. Sie entsprechen in ihrer Färbung der wilden Stammform. Es handelt sich dabei um eine in sich nicht einheitliche Färbung, die mit der der Wildkaninchen bzw. der Feldhasen vergleichbar ist.

Man spricht beim Meerschweinchen auch von agutifarben. Dieser Begriff ist von einem anderen südamerikanischen Nagetier, dem Aguti, entlehnt. Ist dieser Farbton mit einer Art Goldglanz verbunden, spricht man von goldagutifarbenen Meerschweinchen. Verschwindet hingegen – durch eine Mutation bedingt – der Braunton der Wildfarbe, dann spricht man von silberaguti, einer Färbung, die der des Chinchillas entspricht.

Darüber hinaus gibt es Meerschweinchen der sogenannten Rotreihe, das heißt rotbraune, mittelbraune, gelbe und hellgelbe Tiere.

Natürlich kennen wir auch schwarze Meerschweinchen, genau wie die bislang seltenen blauen – exakt natürlich blaugrauen – in einer Färbung wie die blauen Katzen, Doggen und nicht zuletzt wie die Blauen Wiener Kaninchen. Und es gibt auch schokoladenfarbene Meerschweinchen.

Die albinotischen Meerschweinchen sind reinweiß, das heißt Haut, Haare und auch die Iris der Augen sind unpigmentiert, also farblos. Dabei ist die Iris bei diesen Meerschweinchen so extrem dünn, daß das Auge rot erscheint, weil das Blut am Augenhintergrund sichtbar wird.

Sogenannte Akromelanisten sind spitzengeschwärzte Tiere. Sie werden rein weiß geboren. Später dunkeln die Körperspitzen nach, das heißt, die Umgebung von Mund und Nase, die Ohren und die Pfötchen werden schwarz bzw. schwarzbraun oder auch heller, wie rötlich oder blaugrau.

Oben links: Dreifarbiges Rosettenmeerschweinchen.
Oben rechts: Weißes Rosettenmeerschweinchen.
Unten links: Dreifarbiges Meerschweinchen mit vorrangig am Rücken verlängertem Haarkleid.
Unten rechts: Wild- oder agutifarbenes Normalhaar-Meerschweinchen, dem Wildmeerschweinchen sehr ähnlich.

Dabei kommt es auch vor, daß nur Teile der Pfötchen oder der Nasenpartie oder der Ohren dunkel werden. Das Auge ist bei dieser Färbungsform immer unpigmentiert, es erscheint also rot.

Selten sind heute noch die blauäugigen weißen Meerschweinchen, also Tiere, die unpigmentierte Haut und Haare haben, aber pigmentierte, in diesem Falle blaue Augen.

Nun kommt es natürlich genau wie bei anderen Haustieren auch beim Meerschweinchen zu teilweisem Pigmentverlust, das heißt zu gescheckten Tieren. Diese Tiere können zweifarbig sein, dann sind sie in der Regel weiß und rot, gelb, wildfarben, schwarz oder anders gescheckt. Eine Sonderform stellen die Tiere dar, bei denen eine Scheckung in den Farben schwarz und rot bzw. gelb vorliegt; man spricht hier von japaner- oder schildpattfarbig. Auch wildfarben

Aus speziellen Zuchten: Links oben: Rotweißes Angorameerschweinchen. Rechts unten: Wildfarbenes Angorameerschweinchen, auch als agutifarben bezeichnet. Links unten: Silberaguti oder chinchillafarben und weißgeflecktes Angora-Rosettenmeerschweinchen. Rechts oben: Japaner- oder schildpattfarbenes Angora-Rosettenmeerschweinchen.

und gelb bzw. rot gescheckte Meerschweinchen gibt es, genau wie einen ganz spezifischen unregelmäßigen Wechsel von grau mit weiß. Und zahlreiche weitere Abweichungen und Varianten der Färbung und Scheckung kommen außerdem vor. Bei langer Kopfbehaarung der Angora-Rosettenmeerschweinchen gilt übrigens auch die Bezeichnung „Peruanisches" Meerschweinchen.

Alle die verschiedenen Fellfarben kommen natürlich bei jeder Behaarungsform des Meerschweinchens vor:

Normalhaar- oder Glatthaarmeerschweinchen, auch Englisches Meerschweinchen genannt. Es handelt sich um Tiere, deren Fell in Länge und Struktur dem der wilden Stammform entspricht.

Rosetten-, Wirbel- oder Struppmeerschweinchen, auch Abessinisches Meerschweinchen genannt. Bei diesem Meerschweinchen ist das Haar im Vergleich zu den Normalhaar-Meerschweinchen oft etwas verlängert und häufig auch ein wenig gröber.

Dabei ist meist der gesamte Körper von Wirbeln bedeckt, die die in ihren jeweiligen Bereich gehörenden Haare entsprechende **Rosetten** bilden lassen. Oft ist auch an jeder Wange ein Wirbel vorhanden, der dann die Haare dort backenartig erscheinen läßt. In der Regel sind die **Wirbel** an beiden Körperhälften symmetrisch angeordnet. Es gibt aber auch Tiere, bei denen, wiederum meist symmetrisch, an einzelnen Körperstellen Wirbel fehlen.

Fehlt beispielsweise der mittlere Rückenwirbel, dann sieht es aus, als trüge das Tier einen Sattel.

Eine Züchtung besonderer Art stellen normalhaarige Meerschweinchen dar, die nur an der Stirn einen Wirbel tragen, so daß die Haare hier an eine Art »Pilzkopf« erinnern. Dabei gibt es auch Tiere, die beispielsweise am ganzen Körper rotbraun und nur im Bereich der Haube weiß gefärbt sind.

Hier gibt es einerseits Tiere, die ein normales, jedoch verlängertes Haarkleid aufweisen. Man sollte sie als **Angora-Meerschweinchen** bezeichnen.

Langhaarige Meerschweinchen müssen gelegentlich vorsichtig gekämmt werden.

Die zweite Möglichkeit besteht darin, daß das Haarkleid verlängert ist und gleichzeitig mehr oder weniger am ganzen Körper Wirbel auftreten. Das verleiht den Tieren oft ein sehr originelles Aussehen. Hier spricht man von **Angora-Rosettenmeerschweinchen.** Dabei können wiederum an einzelnen Stellen die Wirbel fehlen.

In der älteren Literatur werden die Langhaar-Meerschweinchen oft in Peruanische Meerschweinchen und Peruanische Seidentiere unterteilt. Dabei ist das entscheidende Kriterium für das **Peruanische Meerschweinchen**, daß die Haare auch am Kopf verlängert sind. Ihre Länge am Körper kann 30 cm und mehr erreichen. Beim **Peruanischen Seidentier** hingegen sind die Haare nur am Körper verlängert, und zwar meist nur bis zu 15 cm, die Haare am Kopf sind nicht verlängert.

Es gibt noch eine **Sonderform des verlängerten Haarkleides,** für die bis jetzt keine spezielle Bezeichnung existiert. Bei diesen Tieren ist nur ein Teil der Haare des Hinterkörpers verlängert, sie bilden eine Art Schleppe. Diese Haare sind im Vergleich zu den normal langen Haaren dieser Körperregion sowie zum normal langen Haarkleid des gesamten übrigen Körpers deutlich feiner, dünner. Sie bilden eine Art Schleier. Diese Behaarungsform wurde bis jetzt vorrangig bei Tieren ohne Wirbel im Haarkleid beobachtet.

In Deutschland, Österreich und in der Schweiz gibt es nur selten reinrassig gezüchtete Meerschweinchen. Anders ist das in Großbritannien, den Niederlanden und auch in den USA, wo regelrechte Cavy-Clubs existieren.

Wie fange und trage ich ein Meerschweinchen?

Vorsichtig greift man das Meerschweinchen, um es hochzuheben.

Meerschweinchen sind verhältnismäßig scheue Tiere. Sie lassen sich, wenn sie nicht ausreichend an den ständigen intensiven menschlichen Kontakt gewöhnt sind, nur ungern fangen.

Beim Ergreifen von oben versuchen sie in der Regel zu entkommen. Das löst bei ihnen ein instinktmäßiges Verhalten ihrer Vorfahren aus, die besonders durch Greifvögel gefährdet waren.

Am besten ergreift man ein Meerschweinchen hinter den Vorderbeinen, indem man als Rechtshänder den Daumen von links und die weiteren Finger von rechts so über seinen Rücken legt, daß die hintere Nacken- und die vordere Rückenpartie vom Handteller umgeben werden. Mit der anderen Hand greift man dann unter Vorderbrust und Bauch. Kleinere Kinder drücken das Meerschweinchen am besten vorsichtig gegen ihre Brust.

Meerschweinchen sind oft sehr flink. Beim Freilauf im Zimmer verschwinden sie sehr schnell unter Möbelstücken. Oft muß man dann lange und geduldig warten, bis sie wieder hervorkommen. Ein Einfangen mit einem Kescher ist möglich, hat jedoch zur Folge, daß das Meerschweinchen vor künftigen Fangaktionen gewarnt ist und noch mehr Vorsicht an den Tag legt.

Im Garten oder anderswo im Freiland sollte man auch noch so zahme Meerschweinchen keinesfalls außerhalb gut abgegrenzter Gehege frei laufen lassen; sie sind sehr schnell im Gebüsch oder hohen Gras verschwunden und auch bei leuchtender Färbung oft nur sehr schwer wiederzuentdecken. Schon in der ersten Nacht werden sie leicht die Beute von Katzen, Greifvögeln usw.

Foto links und unten: So halten wir das Meerschweinchen mit beiden Händen sicher und bequem.

Das Meerschweinchen in Pflege und auf Reisen

Natürlich müssen wir entscheiden, ob wir unsere Meerschweinchen mit auf Reisen nehmen oder bei Abwesenheit in Pflege geben. Gibt man seine Meerschweinchen in Pflege, sollte man sie nach Möglichkeit in ihrem gewohnten Käfig belassen. Um sie beim Transport vor Zugluft, aber auch so weit wie möglich vor Beunruhigung zu schützen, sollte der Käfig mit einer Decke oder einem Tuch locker zugehängt werden; so kann es nicht zu Sauerstoffmangel kommen.

Ein kurzzeitiger Transport von Meerschweinchen kann notfalls auch in einem stabilen Pappkarton erfolgen, der mit ausreichend

Eine Frage an den Freund und Spielgefährten: Darf ich zusteigen? Und die Antwort: Von mir aus gern, wenn ausreichend Luft in den Reifen ist!

Luftlöchern versehen wird. Wichtig ist, den Boden mit Säge- oder Hobelspänen oder einer dicken Schicht Zellstoff abzudecken. Darauf wird Heu gebracht.

Wesentlich günstiger und für weitere Strecken unbedingt erforderlich sind stabile Transportbehälter. Es gibt heute solche aus durchsichtigem Kunststoff mit entsprechend gut luftdurchlässiger Abdeckung und Tragegriffen.

Die Späne- bzw. Zellstoffeinlage ist auch hier von großer Bedeutung, damit das Meerschweinchen trocken bleibt. Heu gibt Gelegenheit zum Knabbern, das vor allem beruhigend wirkt. Außerdem kann sich das Meerschweinchen im Heu verbergen. Die durchsichtige Wand des Transportbehälters ermöglicht uns, das Tier zu beobachten.

Ein zahmes, an solche Transporte gewöhntes Meerschweinchen kann auch herausschauen. Für scheue Tiere ist jedoch ein Transport im Dunklen oft günstiger. In der kalten Jahreszeit sollte man, wenn das Meerschweinchen immer im Warmen gehalten wurde, zusätzlich mit Decken oder Tüchern einer Unterkühlung entgegenwirken. Es muß trotzdem auf ausreichende Frischluftzufuhr geachtet werden. Auch eine Wärmflasche unter dem Transportbehälter kann helfen.

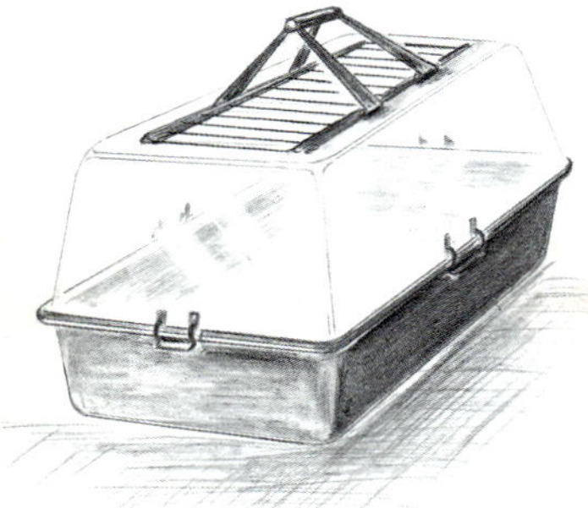

Ein praktischer Transportbehälter aus Kunststoff mit luftdurchlässiger Abdeckung.

Ein mal Eins kann 100 sein – von der Vermehrung

So läßt sich das Geschlecht bei Meerschweinchen am besten bestimmen: links ein Männchen, bei dem der Penis deutlich zu sehen ist; das braune Tier rechts ist ein Weibchen.

Tragezeit und Geburt

Die Vermehrungsfreudigkeit der Kaninchen ist sprichwörtlich. Bei den Meerschweinchen ist es ähnlich, dazu sind sie sehr frühreif. Weibliche Tiere können sich bereits mit 28 bis 35 Tagen, in Ausnahmefällen schon mit 20 Tagen fortpflanzen, männliche mit ungefähr 60 bis 75 Tagen.

Will man keinen Meerschweinchennachwuchs, muß man die Tiere also schon sehr zeitig nach Geschlechtern trennen. Zuchtreif werden sie allerdings erst später.

Weibliche Meerschweinchen sollten erst in einem Alter von vier bis fünf, möglichst erst sechs Monaten, männliche mit sechs bis sieben Monaten zur Zucht eingesetzt werden.

Nach einer Tragezeit von 59 bis 74, durchschnittlich 68 Tagen werden ein bis sechs Junge geboren. Dabei kommen beim ersten Wurf oft nur ein bis zwei Jungtiere zur Welt. Es gibt Meerschweinchenfamilien, bei denen häufig vier bis fünf Junge vorkommen, in der Regel aber erst ab dem zweiten Wurf. Sechslinge sind selten, Würfe mit sieben oder acht Jungen erst recht. Die Trächtigkeitsdauer liegt bei wenigen Jungtieren an der oberen, bei vielen Jungtieren an der unteren Grenze der genannten Zeit.

Bereits etwa drei bis vier Wochen nach der erfolgten Begattung kann man bei sehr vorsichtigem Betasten den Nachwuchs im Mutterleib fühlen. Die Geburt kündigt sich beim Meerschweinchen, das besonders bei Mehrlingswürfen sehr an Körperumfang zunimmt, kaum äußerlich erkennbar an.

Meerschweinchen kommen immer mit dem Kopf voraus zur Welt.

Die Mutter nimmt bei der Geburt eine Hockstellung ein, genau wie beim Säugen der Jungen. Nach Austritt der Frucht aus dem Geburtsweg zieht die Mutter das Kind noch in den Fruchthüllen nach vorn, öffnet diese und verzehrt sie anschließend. Dann beginnt sie, das Junge trocken zu lecken. Bei Mehrlingsgeburten folgt sehr schnell das nächste Jungtier. Bringt die Meerschweinchenmutter eine größere Zahl von Jungtieren zur Welt, bleibt ihr zum Trockenlecken nicht immer ausreichend Zeit. Dann setzt oft eine sehr schnelle Unterkühlung der noch nassen Jungtiere ein. Hier kann man sinnvoll helfen, indem man das naß herumsitzende Jungtier abtrocknet und wärmt. Solange die Meerschweinchenmutter leckt, sollte man aber nicht stören.

Die ersten Lebenstage

Meerschweinchen können bereits bei der Geburt sehen und hören und werden mit komplett entwickeltem Haarkleid geboren. Ihre Augen öffnen sich bereits zwei Wochen vor der Geburt! Auch die Milchzähne brechen bereits zwischen dem 43. und 48. Tag der Trächtigkeit durch und bis zum 55. Tag der Trächtigkeit sind sie schon wieder resorbiert.

Bei der Geburt sind bereits alle bleibenden Zähne vorhanden, nur der hinterste Backenzahn ist noch von einer Schleimhaut bedeckt.

Das Gewicht schwankt bei neugeborenen Meerschweinchen zum Teil erheblich. Es liegt zwischen 45 und 110 g, Ausnahmen bis 140 g sind möglich.

Jungtiere aus Einzelwürfen sind in der Regel schwerer als solche aus Mehrlingswürfen. Ein Gewicht eines einzeln geborenen Jungtieres von 100 g stellt durchaus keine Seltenheit dar. Jungtiere aus Mehrlingswürfen wiegen dagegen in der Regel nur 50 bis 80 g.

In den ersten Tagen nach der Geburt stagniert das Gewicht, ja es kann zu Verlusten um einige Gramm kommen. Dann nehmen die Jungtiere, wenn sie gesund sind, kontinuierlich zu, bis zu einem Alter von sechs bis acht Wochen um ungefähr 3 bis 4 g täglich.

Beim Säugen der Jungen nimmt die Mutter eine Hockstellung ein.

Von Haus zu Haus: Wie sind Sie mit Ihrer Wohnung zufrieden

Die jungen Meerschweinchen beginnen bereits wenige Stunden nach der Geburt umherzulaufen. Die Mutter hat zwei in der Nähe der Leistengegend sitzende Milchdrüsen. Fünf- oder Sechslinge oder gar noch mehr Jungtiere haben die größten Chancen, bestens heranzuwachsen, wenn sich im gleichen Käfig weitere Mütter befinden; dann trinken die Jungen der einzelnen Würfe, wenn kein erheblicher Altersunterschied besteht, bei mehreren Müttern.

Junge Meerschweinchen beginnen bereits in den ersten Lebenstagen zusätzlich feste Nahrung aufzunehmen. Dabei ist es für sie auch lebensnotwendig, den Vitamin- oder Blinddarmkot der Mutter zu verzehren, um ausreichend mit Vitaminen des B-Komplexes und Vitamin K versorgt zu sein.

Junge Meerschweinchen mit einem Geburtsgewicht unter 40 g haben auch dann oft keine Überlebenschance, wenn man ihnen mit einer Pipette kontinuierlich tropfenweise artfremde Milch zuführt. Auch die künstliche Aufzucht normalgewichtiger Meerschweinchen in den ersten Lebenstagen ist sehr schwierig, da sie in erheblichem Maße die Muttermilch benötigen.

Auf Körperwärme gebracht Kaffeesahne, die im Eiweiß- und Fettgehalt weitgehend der Zusammensetzung der Meerschweinchenmilch entspricht, kann als Ersatz dienen.

Junge Meerschweinchen kann man im Alter von drei bis vier Wochen problemlos von der Mutter absetzen.

Was die sprichwörtliche Vermehrung der Meerschweinchen anbetrifft, so hängt dies nicht allein mit der sehr frühzeitig einsetzenden Geschlechtsreife zusammen, sondern auch damit, daß die Meerschweinchenmutter bereits 105 Minuten bis 13 Stunden nach abgeschlossener Geburt wieder brünstig wird und mit Erfolg gedeckt werden kann. So ist es ein einfaches Rechenexempel, daß durchaus innerhalb eines Jahres aus einem Pärchen 100 Meerschweinchen werden können!

Alter und Gewicht der Meerschweinchen

Lebensalter und Körpergröße im Verhältnis: Neugeboren (ca. 9,5 cm), 5 Wochen (ca. 19 cm), 4 1/2 Monate (ca. 23 cm), Erwachsen (ca. 27 cm).

Eine Verdopplung des Geburtsgewichtes erfolgt bei Meerschweinchen nach ca. 13 bis 17 Tagen. Im Alter von vier bis acht Wochen wiegen sie zwischen 250 und 400 g, wobei sich das unterschiedliche Geburtsgewicht bei den einzelnen Tieren oft bis zu mehreren Wochen nach der Geburt auswirkt.

Meerschweinchen wachsen, wenn auch mit zunehmendem Alter immer langsamer, bis zu einem Alter von 15 Monaten. Dann wiegen Männchen zwischen 1000 und 1800 g, Weibchen zwischen 700 und 1000 g. Höheres Gewicht ist meist durch zu umfangreiche Fettablagerungen bedingt.

Meerschweinchen erreichen ein Alter von fünf bis acht Jahren, selten auch bis zu 15 Jahre.

Das alternde Meerschweinchen wird oft an Körpermasse verlieren. Es kann die ihm angebotene Nahrung nicht mehr optimal verwerten. Neben ausreichend Heu und Grünfutter sind dann mehr nährstoffreiche Futtermittel wie Möhren und gegebenen Falles auch erhöhte Kraftfuttergaben und zusätzliche Multivitaminpräparate zu empfehlen. Auch auf eine ausreichende Zufuhr von Mineralstoffen und Spurenelementen ist zu achten.

Besonderer Wert ist aber auf die ausreichende Zufuhr von Vitamin C zu legen, pro Tier und Tag sollten es dann pro Kilogramm Körpergewicht wenigstens 30 mg sein. Alte Meerschweinchen, die eventuell auch Probleme mit dem Nagen haben und deshalb weniger an härteres Futter gehen, verzehren oft gern in Stücke geschnittene Gurke oder Melone.

Ein nicht mehr glänzendes, teilweise schütter werdendes Haarkleid deutet ebenfalls auf altersbedingte Probleme hin.

Dabei sind alte, in ihrer gesamten Widerstandskraft oft schon geschwächte Meerschweinchen sehr anfällig gegenüber Hauterkrankungen. Dann fassen Pilze, aber auch Haarlinge und andere

Ektoparasiten viel schneller Fuß als bei Meerschweinchen, die noch nicht zu den Senioren zählen.

Ein Meerschweinchen muß oft schon ab sechs, zumindest aber ab ungefähr sieben Jahren als »alt« bezeichnet werden.

Die Sinnesorgane des Meerschweinchens und seine Lernfähigkeit

Hörvermögen

Die Schnecke des Innenohrs hat beim Meerschweinchen vier Windungen, bei Mäusen und Ratten, aber auch beim Menschen nur zwei und eine halbe. So haben beim Meerschweinchen vergleichsweise weit mehr Hörzellen Platz, wodurch sich das besonders gute Hörvermögen ergibt. Menschen können nur Töne bis zu 20.000 Hertz (jung) bzw. 15.000 Hertz (erwachsen) wahrnehmen, Meerschweinchen dagegen bis zu 33.000 Hertz.

Meerschweinchen verlassen sich in erster Linie auf ihren Geruchssinn.

Geruchssinn

Der Geruchssinn der Meerschweinchen ist vor allem auf die Kontakte untereinander und auf das Geschlechtsverhalten abgestimmt.

Beispielsweise spielt ihr Harn zur Duftmarkierung eine wichtige Rolle. So spritzen paarungsbereite Männchen Harn, nicht brünstige Weibchen demonstrieren neben abweisendem Verhalten durch Gerüche dem Männchen ihre nicht vorhandene Paarungsbereitschaft.

Meerschweinchen in einer sozialen Gemeinschaft erkennen einander am Geruch. Das gilt nicht zuletzt für die Wiedereinordnung verloren gegangener Jungtiere.

Das typische Kontaktschnuppern zweier Meerschweinchen.

Dabei sei hervorgehoben, daß diese gruppenspezifische Erkennung auch bei erwachsenen Tieren nach mehrtägiger Trennung verloren geht. Das Markieren des Territoriums durch Sekrete, aber auch durch Harn erklärt, warum sich Meerschweinchen in ihrer gewohnten Umgebung wohl und in fremder Umgebung oft außerordentlich beunruhigt und unsicher fühlen. Das kommt in ihrem dann scheuen Verhalten zum Ausdruck.

Im Vergleich zum Menschen besitzen Meerschweinchen ein viel ausgeprägteres Geruchsempfinden. Es ist ungefähr 1000 mal stärker entwickelt als das des Menschen. So nehmen sie vielfältige Gerüche wahr, die von uns Menschen überhaupt nicht bemerkt werden, und können durch sie in unterschiedlichster Weise erregt werden.

Auch bei der Nahrungsaufnahme, bis hin zur Unterscheidung von bekömmlichem und unbekömmlichem Futter, spielt das geruchliche Empfinden des Meerschweinchens eine Rolle. Gleiches gilt für das Erkennen einzelner Personen.

Sehvermögen

Meerschweinchen können auf Grund der Anordnung ihrer Augen sowohl nach vorn als auch nach der Seite sehen, ohne daß dabei eine Bewegung des Kopfes erforderlich wird. Sie besitzen also ein verhältnismäßig weites Gesichtsfeld, das besonders für ihren Schutz vor natürlichen Feinden in der freien Wildbahn sehr wichtig ist. Meerschweinchen können zumindest die Grundfarben Rot, Gelb, Grün und Blau unterscheiden. Das spielt unter anderem bei der Nahrungsaufnahme eine Rolle.

Foto gegenüber: Meerschweinchen werden schnell zutraulich und mögen auch gern gestreichelt werden.

Tastsinn

Die Tasthaare in der seitlichen Umgebung von Mund und Nase ermöglichen dem Meerschweinchen auch im Dunklen festzustellen, ob es durch Öffnungen hindurchpaßt bzw. ob sich Hindernisse in den Weg stellen.

Meerschweinchen sind es gewohnt, in kleinen Gruppen zusammen zu leben und zu spielen.

Geschmackssinn

Wenn der Geruchssinn den Meerschweinchen keine eindeutige Unterscheidung oder die Begutachtung einzelner Futtermittel erlaubt, ziehen sie ihren Geschmackssinn zu Rate. Dabei spielen neben instinktbedingten Reaktionen auch zuvor gesammelte Erfahrungen eine Rolle, zum Beispiel bei der Unterscheidung zwischen gutem und schlechtem Futter.

Es heißt, daß Meerschweinchen süße Nahrung vor saurer vorziehen. Bitterstoffe stören sie jedoch meist nicht. Auch bei Meerschweinchen gibt es individuelle Geschmacksunterschiede, die sich darin zeigen, daß einzelne Tiere oft ganz unterschiedliche Futtermittel als Leckerbissen bevorzugen.

Das unterschiedliche und reichhaltige Lautrepertoire der Meerschweinchen.

Lautäußerungen

Meerschweinchen besitzen im Vergleich zu einer Reihe anderer Nagetiere wie Hamster, Mäuse, Ratten, Chinchillas usw., aber auch Kaninchen, ein weitaus vielfältigeres Lautrepertoire.

Das reicht von Murmeln als Ausdruck der Zufriedenheit, Gurren als Zeichen der Kontaktaufnahme untereinander, aber auch der Aufnahme von Partnerschaftsbeziehungen, hier vorrangig von Männchen hervorgebracht, bis hin zum Zähneklappern als einem deutlichen akustischen Zeichen für bevorstehende Rangordnungskämpfe erwachsener Männchen.

Junge Meerschweinchen geben hohe Quiektöne von sich, die die Mutter, bzw. bei Haltung in einer Gruppe auch ein anderes Weibchen, veranlassen, sich um das Jungtier zu kümmern. Dabei reagieren die Meerschweinchenmütter mit zunehmendem Alter ihrer Jungen, das heißt ab etwa 14 Tagen, immer weniger auf diese Hilferufe und zwingen so ihre Nachzucht zur Selbständigkeit.

Auch erwachsene Meerschweinchen zeigen ein für uns Menschen deutlich erkennbares Angstquieken. Wird es von einem Gruppenmitglied ausgestoßen, flieht die ganze Gruppe oft im Gänsemarsch an einer Wand oder unter einem Vorsprung entlang, da in der freien Wildbahn dort ein verhältnismäßig großer Schutz besonders vor Greifvögeln geboten ist.

Es gibt aber auch Situationen, wo Meerschweinchen aus Angst in eine Art Starre verfallen, wiederum ein Verhalten, das als Schutz eine große Rolle spielt.

Faßt man Meerschweinchen ungeschickt an, so daß sie dabei Schmerz empfinden, geben sie wiederum charakteristische schrille Quieklaute von sich.

Ihr gruppentypischer Geruch veranlaßt die Meerschweinchen gelegentlich dazu, wie im Gänsemarsch loszuziehen.

Lernfähigkeit

Meerschweinchen können es lernen, auf das Rufen ihres Namens zu reagieren, auch auf bestimmte Rufe oder Pfiffe. Dabei ist es sehr wichtig, daß man das oder die Meerschweinchen erst einmal mit entsprechender Geduld an sich gewöhnt, das heißt, daß die von Natur aus scheuen Tiere zumindest zutraulich werden und ihre Scheu verlieren.

Unüberlegte schnelle Bewegungen, laute Geräusche usw. können dabei die in tagelangem Bemühen gemachten Fortschritte schnell wieder zunichte machen.

Besonders mit einzeln gehaltenen Meerschweinchen sollte man sich regelmäßig beschäftigen, da sonst ihr natürliches Verhaltensrepertoire zumindest teilweise zu verkümmern beginnt. Man bedenke immer, daß Meerschweinchen von Natur aus keine Einzelgänger, sondern gesellig lebende Tiere sind.

Fotos links und rechts:Meerschweinchen sind keine Einzelgänger, sondern gesellig lebende Tiere – das beweisen diese Bilder vom Klettern und Spielen. Und wie man sieht, ist dabei auch ein Zwergkaninchen willkommen.

Vertragen sich Meerschweinchen mit anderen Tieren?

Es gibt Meerschweinchen, die vor einem Hund, an den sie gewöhnt sind, nicht fliehen, vorausgesetzt, daß dieser sich auch entsprechend manierlich verhält. Allein lassen sollte man Hunde mit Meerschweinchen jedoch auf keinen Fall.

Vor allem Katzen werden Meerschweinchen immer wieder als Beutetiere betrachten. Eine Katze kann Meerschweinchen schon dadurch beunruhigen, daß sie gegen den Käfig anspringt.

Lassen es Stababstand oder Maschenweite des Gitters zu, wird die Katze versuchen, das Meerschweinchen mit ihren geschickten Pfoten zu erhaschen.

Meerschweinchen mit anderen Tieren gemeinsam zu halten, ist im allgemeinen nicht zu empfehlen, das gilt auch für Vögel, besonders für Papageien, auch kleine Arten wie Wellensittiche. Ebensowenig hat die Haltung mit anderen Nagetieren, ganz gleich ob

Mäuse, Ratten, Gold- oder Zwerghamster, Chinchillas oder Hörnchen einen Sinn. Meerschweinchen werden dabei zwar in der Regel nicht aggressiv, sie leiden aber unter der ihnen aufgezwungenen artfremden und unnatürlichen Partnerschaft oft ganz erheblich.

Die einzige Tierart, mit der eine Gemeinschaftshaltung empfohlen werden kann, ist das Kaninchen. Mit einem erwachsenen Meerschweinchen und einem ihm in der Größe entsprechenden Zwergkaninchen, aber auch mit Vertretern größerer Rassen, gibt es kaum Probleme. Dabei fressen die Meerschweinchen dann mit dem Kaninchen gemeinsam. Sie ruhen auch gern eng aneinandergeschmiegt und pflegen gegenseitig ihr Fell. Manche Meerschweinchen setzen sich auch mit wahrer Begeisterung besonders in den Nacken, aber auch auf den Rücken des artfremden Freundes.

Haarlinge bevorzugen vor allem die Augen- bzw. Ohrpartien des Fells.

Das kranke Meerschweinchen

Wie man gesunde von kranken Meerschweinchen unterscheidet, wurde bereits zu Anfang beschrieben.

Hier nun einige Hinweise auf wichtige Erkrankungen.

Meerschweinchen haben selten Wurmbefall, ebenso wie Flöhe und Läuse. Haarlinge treten dagegen öfters auf. Ihre Übertragung erfolgt in der Regel durch Kontakt. Gut hilft Einpudern, in hartnäckigen Fällen Bäder mit vom Tierarzt bereitgestellten antiparasitär wirkenden Präparaten.

Räude

Räude kann durch verschiedene Milben hervorgerufen werden. Die Übertragung erfolgt wiederum durch Kontakt. Die Diagnose muß der Tierarzt nach mikroskopischer Untersuchung stellen. Die Behandlung gleicht der bei Haarlingsbefall.

Zecken

Zecken treten nur bei Haltung in einem Auslauf im Garten oder auf einem Balkon, der von Ästen von Bäumen oder Büschen überdeckt wird, auf. Sie müssen vom Tierarzt entfernt werden.

Durch Pilze bedingte Hauterkrankungen

Pilzbefall ist besonders häufig bei länger anhaltender zu konzentrierter, also rohfaserarmer Ernährung. Krankheitssymptome zeigen sich zuerst am Kopf, durch Haarausfall in runder bis ovaler Form. Der Tierarzt muß eine entsprechende Behandlung einleiten.

Erkrankungen von Magen und Darm

Ursache für Magen-Darm-Erkrankungen, die auf Entzündungen basieren und sich in Durchfall äußern, hängen meist mit Schadstoffen im Futter zusammen und können häufig von medizinischer Kohle absorbiert werden. Gelingt es nicht, den Durchfall zu stillen, muß unbedingt der Tierarzt aufgesucht werden.

Blähungen

In Fällen von Blähungen ist schnell tierärztliche Hilfe in Anspruch zu nehmen, denn die Gasbildung besonders in den riesigen Dickdarmregionen kann bis zur Einschränkung von Atmungs- und Herztätigkeit und im Endeffekt zum Tod durch Ersticken und/oder Herzversagen führen.

Verstopfung

Wird der Kot zu hart, können nicht ausreichende Flüssigkeitszufuhr durch zu trockene Nahrung und fehlende bzw. nicht genügende Trinkwasserversorgung die Ursachen sein. Anfangssymptome lassen sich oft durch reichliche Trinkwassergabe und verstärkten Einsatz besonders wasserhaltiger Futtermittel bekämpfen. Führt das nicht zum Erfolg, ist ein Tierarzt zu konsultieren.

Schnupfen und Lungenentzündung

Schnupfen kann durch eine Erkältung bedingt sein, er kann aber auch durch Bakterien bzw. Viren ausgelöst werden. Dann sind jedoch in der Regel nicht nur die oberen Luftwege erkrankt, sondern auch die Bronchien und im Endeffekt die Lungen.

Vitamin C-Mangel

Bei Vitamin C-Mangel nimmt die Infektionsgefährdung des Meerschweinchenorganismus rapid zu. So wird der Atmungsapparat sehr anfällig gegenüber Viren und Bakterien, die Lungenentzündungen verursachen. Eine Lungenentzündung sollte immer Anlaß sein, den Tierarzt zu konsultieren.

Bißverletzungen

Bei Bißverletzungen, die besonders nach einem Kampf erwachsener Meerschweinchenmänner erheblich sein können, empfiehlt sich besonders sulfonamidhaltiger Wundpuder. Das gilt auch für andere Wunden.

Verwandte und Vorfahren

Alle Vertreter der Unterfamilie der Meerschweinchen (*Caviinae Murray*, 1866) sind ausschließlich in Südamerika beheimatet. Zu dieser Tiergruppe gehört auch das in Südamerika weit verbreitete Wildmeerschweinchen *Cavia aperea*, das auch als Aperea bezeichnet wird.

Im Gegensatz zum Goldhamster sind Meerschweinchen tagaktive Tiere.

Auf Grund seiner weiten Verbreitung sind von ihm neun Unterarten oder geographische Rassen bekannt. Eine davon ist *Cavia aperea tschudii*, das in Peru zu beiden Seiten der Anden lebt. Seine Farbe ist oberseits dunkelzimtgrau, rötlichgelb oder grau. Die langen, immer verhältnismäßig dunklen Deckhaare lassen dabei eine Farbschattierung entstehen, wie wir sie auch von der Oberseite von Wildkaninchen und Feldhasen kennen. Diese Grannenhaare können bei *Cavia aperea tschudii* so dunkel sein, daß die Oberseite fast schwarz erscheint. Die Bauchseite dieser Wildmeerschweinchen ist rötlichgelb bis weißlich gefärbt. Im Bereich der Kehlregion befindet sich ein hellerer Fleck.

Von dieser Unterart stammen unsere Hausmeerschweinchen ab. Ihre Haustierwerdung begann vielleicht schon vor der Zeit der Inkas, bei denen sie Opfertiere, später Fleischlieferanten waren. Der arme Inka opferte Meerschweinchen, der reiche Lamas.

Schon damals, wir wissen das von Untersuchungen an Meerschweinchenmumien, gab es Meerschweinchen in allen Farben. Nur die Farbe schwarz war bei keinem der gefundenen Tiere festzustellen, weder einfarbig noch als Farbelement von Scheckung. Das liegt wahrscheinlich darin begründet, daß man Schwarz als die Farbe böser Geister oder des Bösen betrachtete und deshalb schwarze Meerschweinchen sofort nach der Geburt tötete.

Die Bedeutung der Meerschweinchen in den südamerikanischen Ursprungsgebieten.

Hausmeerschweinchen sind noch heute bei den Indianern der Hochanden wertvolle Fleischlieferanten. Zu diesem Zwecke züchtet man heute auch besonders große Meerschweinchen mit einer Körpermasse von 2500 g und mehr, wie dies in Peru, Kolumbien, Ecuador und Bolivien der Fall ist. In Peru werden zu diesem Zwecke 67 Millionen Meerschweinchen gehalten, die pro Jahr ungefähr 17.000 Tonnen Fleisch liefern.

Noch heute gelten in Südamerika verbreitet die mit dem Meerschweinchen zusammenhängenden Bräuche und Glauben aus der Inkazeit. So sollen Meerschweinchen Krankheiten anziehen, ein Aberglaube, der in vergangenen Zeiten auch in Europa existierte.

Schon bald nach der Entdeckung Amerikas im Jahre 1592 kamen erste Hausmeerschweinchen nach Spanien und Portugal, von dort nach England und Holland. Sie waren anfangs selten und

entsprechend teuer. In England kostete, und das war damals sehr viel Geld, ein Meerschweinchen eine Guinee. Man meint, daß daher die englische Bezeichnung für Meerschweinchen, einem in Stimme und Körperbau einem kleinen Schwein ähnelnden Tier, das über das Meer kam, stammt: guinea pig.

Unser Hausmeerschweinchen erhielt früh einen eigenen lateinischen Namen: *Cavia porcellus* Linnaeus, 1758. Natürlich kann ein Haustier nur eine wissenschaftliche Bezeichnung erhalten, die auf seine wilde Stammform hinweist. So nennen wir es heute *Cavia aperea* forma *porcellus.* Die Bezeichnung *Cavia aperea* forma *domestica* wäre natürlich auch möglich.

Nachfolgend noch die Bezeichnung für unser Meerschweinchen in verschiedenen Sprachen: Französisch Cochon d'Inde oder Cobaye, Spanisch Cobayo, Russisch Morskaja Swinja. Die Engländer nennen Meerschweinchen auch Cavy oder Cui. Die erstere Bezeichnung erinnert an den lateinischen Namen, die zweite stammt von den Quechuaindianern, die das Meerschweinchen Cui oder Cuy nennen, eine Nachahmung seiner Stimmlaute.

Empfehlenswerte Bücher

Bartenschlager, E. M.: Die Tiersprechstunde. Alles über Meerschweinchen. Falken-Verlag, Niedernhausen, 1986.

Behrend, K.: Mein erstes Meerschweinchen. Gräfe und Unzer, München, 1987.

– : Meerschweinchen richtig pflegen und verstehen. Gräfe und Unzer, München, 1990.

Berghoff, P. C.: Kleine Heimtiere und ihre Erkrankungen. Tierärztliche Heimtierpraxis. Verlag Paul Parey, Berlin und Hamburg, 1989.

Bielfeld, H.: Meerschweinchen. GU-Ratgeber. 2. Aufl. Gräfe und Unzer, München, o. J.

Bierden, H. v.: Spielfreund Meerschweinchen. Hanseatic-Verlag, Bremen, o. J.

Hamel, I.: Das Meerschweinchen. Heimtier und Patient. Gustav Fischer Verlag, Jena, 1990.

Herre, W., Röhrs, M.: Haustiere – zoologisch gesehen. 2., völlig neu bearb. u. erw. Aufl. Gustav Fischer Verlag, Stuttgart, New York, 1990.

Isenbügel, E., Frank, W.: Heimtierkrankheiten. Verlag Eugen Ulmer, Stuttgart, 1985.

Jung, S.: Zucht und Haltung der wichtigsten Laboratoriumstiere. VEB Gustav Fischer Verlag, Jena, 1958.

Jungfer, W.: Das Meerschweinchen. Verlag Naturkundliche Korrespondenz, 1950.

Keeling, C. H.: Cavies (Guinea Pigs). W. & G. Foyle Ltd., London, 1973.

Müller-Haye, B.: Guinea-pig or cuy. In: Mason, I. L.: Evolution of domesticated animals. Longman, London and New York, 1984.

Ostermöller, W.: Goldhamster und Meerschweinchen. Zwei liebenswerte Hausgenossen. Kosmos, Franckh'sche Verlagsbuchhandlung, Stuttgart, 1977.

Ragland, K.: Guinea Pigs. T. F. H. Publications, Neptune, N. J., USA, 1979.

Schmidt, G.: Hamster, Meerschweinchen, Mäuse und andere Nagetiere. 2. Aufl. Verlag Eugen Ulmer, Stuttgart, 1985.

– : Meerschweinchen. 3., überarb. u. erg. Aufl., Landbuch-Verlag, Hannover, 1992.

Simister, W.: Guinea Pigs. Nelson and Sons Ltd., London, 1975.

Sole, A.: Cavies. Casell & Co. Ltd., London, 1975.

Wasel, E.: Meerschweinchen. In: Gabrisch, K., Zwart, P.: Krankheiten der Heimtiere. 2. Aufl., Schlütersche Verlagsanstalt, Hannover, 1990.

Register

Bildquellen
Fotos auf Seite 28 und auf Seite 33 unten von Dietrich Altmann, alle übrigen Aufnahmen von Regina Kuhn, Stuttgart.
Zeichnungen nach Vorlagen des Autors von Siegfried Lokau, Bochum-Wattenscheid.
Für Fotoaufnahmen zu diesem Buch stellten uns die Firmen Zoo-Kölle, Stuttgart und Zoo-Utke, Esslingen, freundlicherweise Tiere zur Verfügung.

Die Deutsche Bibliothek – CIP-Einheitsaufnahme

Meerschweinchen / von Dietrich Altmann.
Mit Farbfotos von Regina Kuhn und Zeichn. von Siegfried Lokau. – Stuttgart : Ulmer 1997
(Heimtiere halten)
ISBN 3-8001-7369-7
ISBN 3-8001-3555-8 (3. Auflage)
NE: Lokau, Siegfried; Kuhn, Regina

Impressum

Wollgrasweg 41, 70599 Stuttgart (Hohenheim)
Internet: http://www.ulmer.de
Lektorat: Ulrich Commerell
Herstellung/DTP: Steffen Meier
Herausgeber der Reihe „Heimtiere halten“:
Prof. Dr. Kurt Kolar
Printed in Italy